COLLECTED WORKS OF
MUZIO CLEMENTI

DA CAPO PRESS MUSIC REPRINT SERIES

GENERAL EDITOR: FREDERIC FREEDMAN
Vassar College

COLLECTED WORKS OF
MUZIO CLEMENTI
3

VOLUMES V–VI–VII

DA CAPO PRESS • NEW YORK • 1973

This Da Capo Press edition of the *Collected Works of Muzio Clementi* is an unabridged republication in five volumes and two fascicles of parts for violin/flute and violoncello of the thirteen-volume *Oeuvres de Clementi* published in Leipzig c. 1803-1819. It is reprinted by special arrangement with Breitkopf & Härtel.

Library of Congress Catalog Card Number 70-75299
ISBN 0-306-77260-4

Published by Da Capo Press, Inc.
A Subsidiary of Plenum Publishing Corporation
227 West 17th Street, New York, New York 10011

CONTENTS

Oeuvres de Clementi.

Cahier V.

contenant

XVII Sonates pour le Pianoforte.

Oeuvres Complettes

de

Muzio Clementi

Cahier V.

Au Magasin de Musique de Breitkopf & Härtel
à Leipsic.

Quoique informés par Mr. Clementi même, que les 12 Sonates, reçues dans ce Cahier sous les No. 3–14, et connues jusqu'ici en Allemagne et en France sous son nom par différentes éditions *), soient originairement de la composition de Scarlati, et qu'elles n'aient été que retouchées par Mr. Clementi pour les mettre plus au courant du jour, nous devons cependant supposer que les amateurs, même pour cette retouche, ne verroient qu'à regret exclus de la collection des oeuvres de Mr. Clementi ces morceaux qui ont porté si longtems son nom.

Les Editeurs.

*) Douze Sonates pour Clavecin ou Fortépiano, composées dans le Stile du célèbre Scarlati par Muzio Clementi Opera 27. A Paris, chez Lobry. 7 L. 4 s.

XVII Sonates pour le Pianoforte
par
Muzio Clementi.

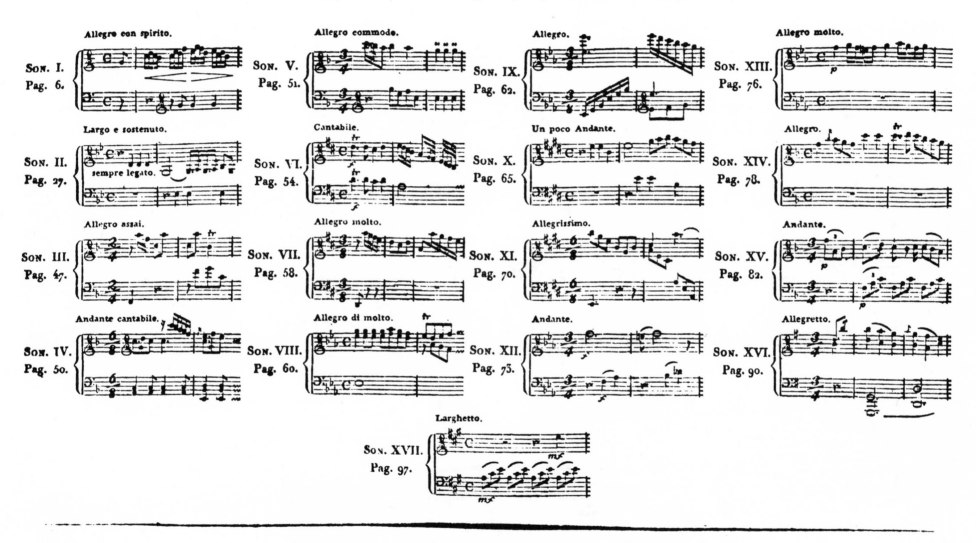

Au Magasin de Musique de Breitkopf et Härtel,
à Leipsic.

V.

Allegro con spirito.

SONATA I.

CLEMENTI V.

volti subito.

2

CLEMENTI V.

3

Un poco Andante quasi Allegretto.

legato sempre.

volti subito.

CLEMENTI V.

6

Largo è sostenuto.

SONATA II.

Allegro con fuoco.

volti subito.

CLEMENTI V.

CLEMENTI V.

8

Un poco Adagio.

volti subito.

CLEMENTI V.

SONATA III.

Allegro assai.

dim.

volti subito.

Andante cantabile.

SONATA IV.

SONATA V.

Allegro commodo.

volti subito.

Allegro molto.

SONATA VII.

SONATA VIII.

Allegro di molto.

SONATA IX.

Allegro.

volti subito.

SONATA X.

Un poco Andante.

volti subito.

SONATA XI.

Allegrissimo.

SONATA XII.

Andante.

volti subito.

SONATA XIII.

SONATA XIV.

volti subito.

SONATA XV.

Andante.

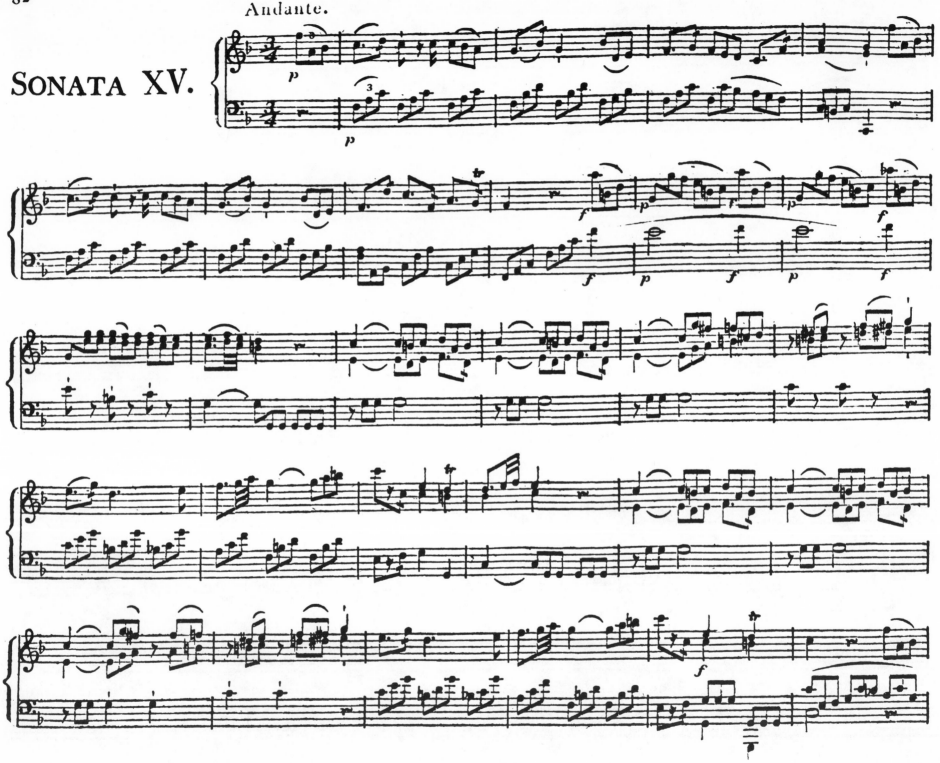

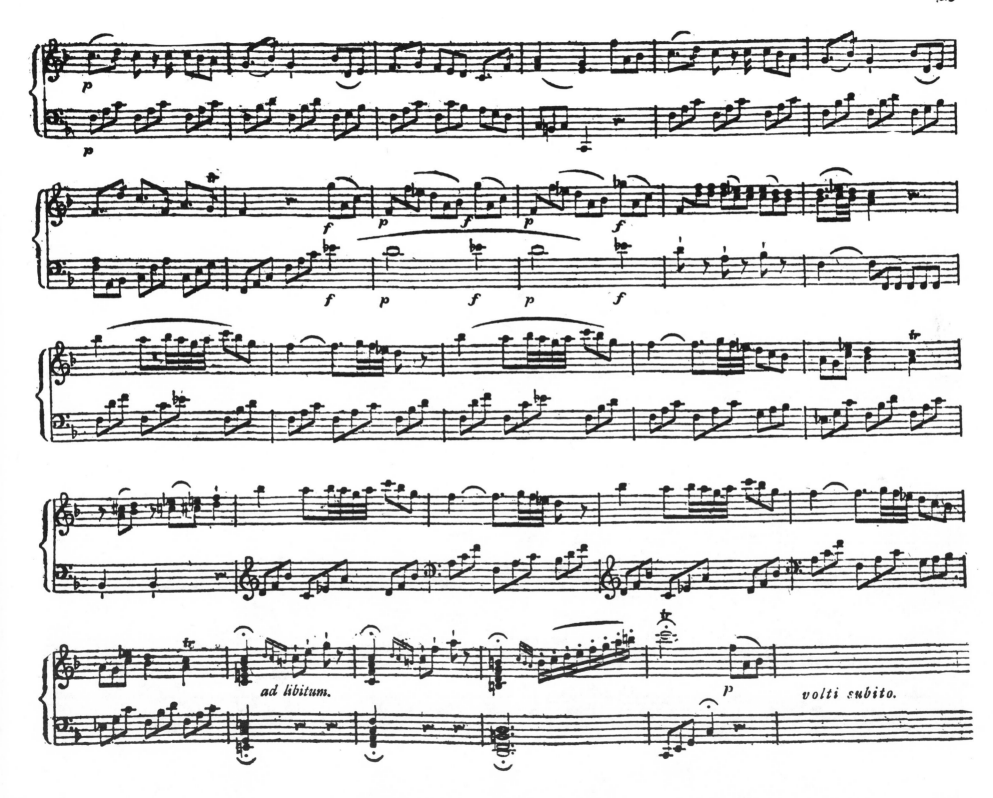

ad libitum.

p

volti subito.

La Pantoufle.

volti subito.

volti Minorc.

Minore.

Maggiore.

SONATA XVI.

Allegretto.

Black Joke, Air Anglais avec des Variations.

Var. 2

Var. 3.

Var. 4.

Var. 5.

SONATA XVII.

Larghetto.

mf

mf

f

tr

f

p

volti subito.

Tempo di Menuetto.

volti subito.

Oeuvres de Clementi

Cahier VI

contenant

VII Sonates, I Toccata et II Caprićes

pour le Pianoforte.

Œuvres Complettes

de

MUZIO CLEMENTI

Cahier VI.

Au Magasin de Musique de Breitkopf & Härtel
à Leipsic

VII Sonates I Toccata et II Caprices

pour le Pianoforte

par

Muzio Clementi.

Au Magasin de Musique de Breitkopf et Härtel,
à Leipsic.

VI.

6.

Allegro ma con grazia.

SONATA I.

dolce

cres

dolce

NB. *Ped. signifie lever les etouffoirs, et cette marque* ⊕ *les fera retomber.*

CLEMENTI VI.

volti subito.

Adagio molto e con anima.

CLEMENTI VI.

volti subito.

Allegro molto Vivace.

volti subito.

Cotte Sonate, avec la Toccata, qui la suit, a été jouée par l'auteur devant S. M. I. Joseph II. en 1781; Mozart étant présent.

SONATA II.

Allegro con brio.

CLEMENTI VI.

volti subito.

volti subito.

Andante quasi Allegretto.

Prestissimo.

TOCCATA.

V. S.

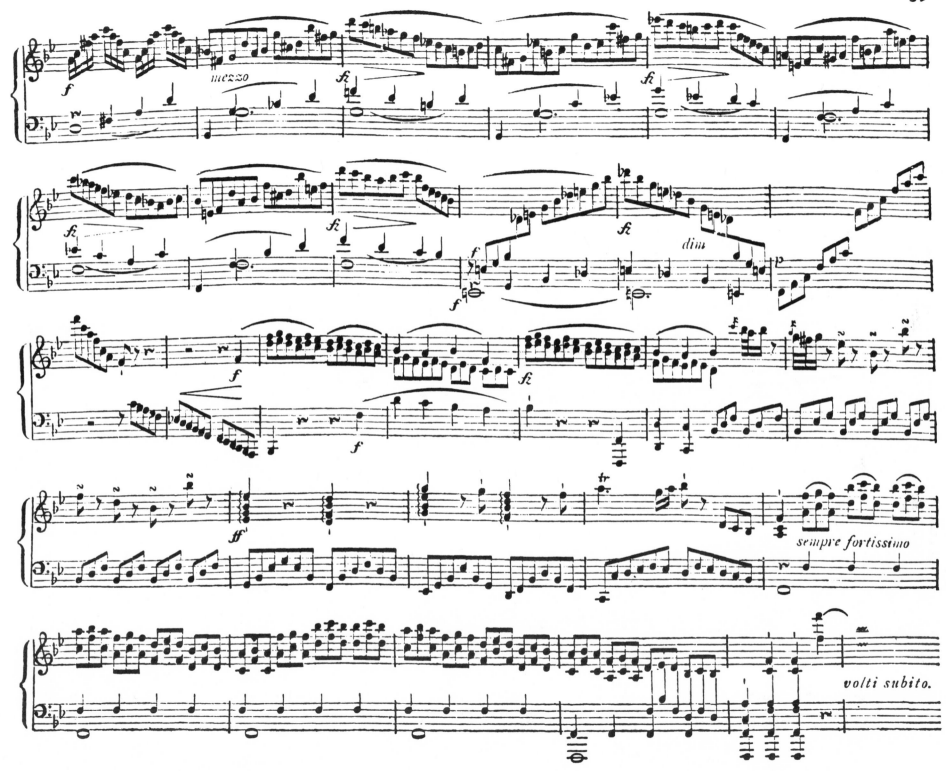

SONATA III.

Allegro assai.

Adagio, Cantabile, e con Espressione.

volti subito.

44

volti subito.

45

Allegro, ma con espressione.

SONATA IV.

CLEMENTI VI.

Allegro spiritoso, ma con grazia.

Rondo.

SONATA V.

Allegro.

Adagio cantabile.

CAPRICCIO I.

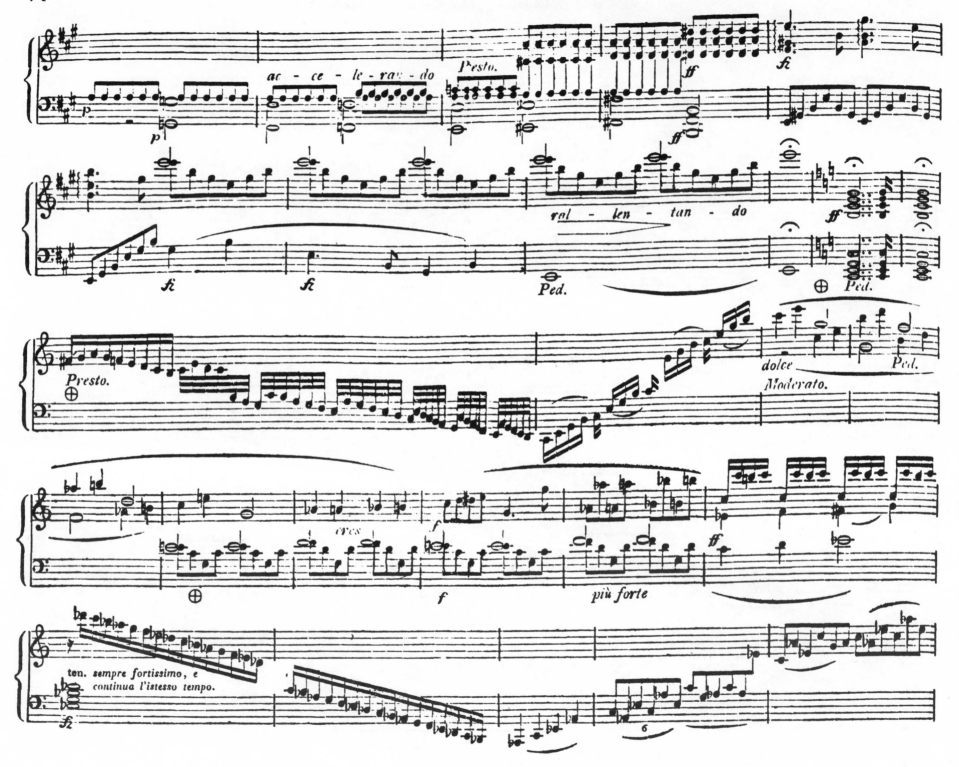

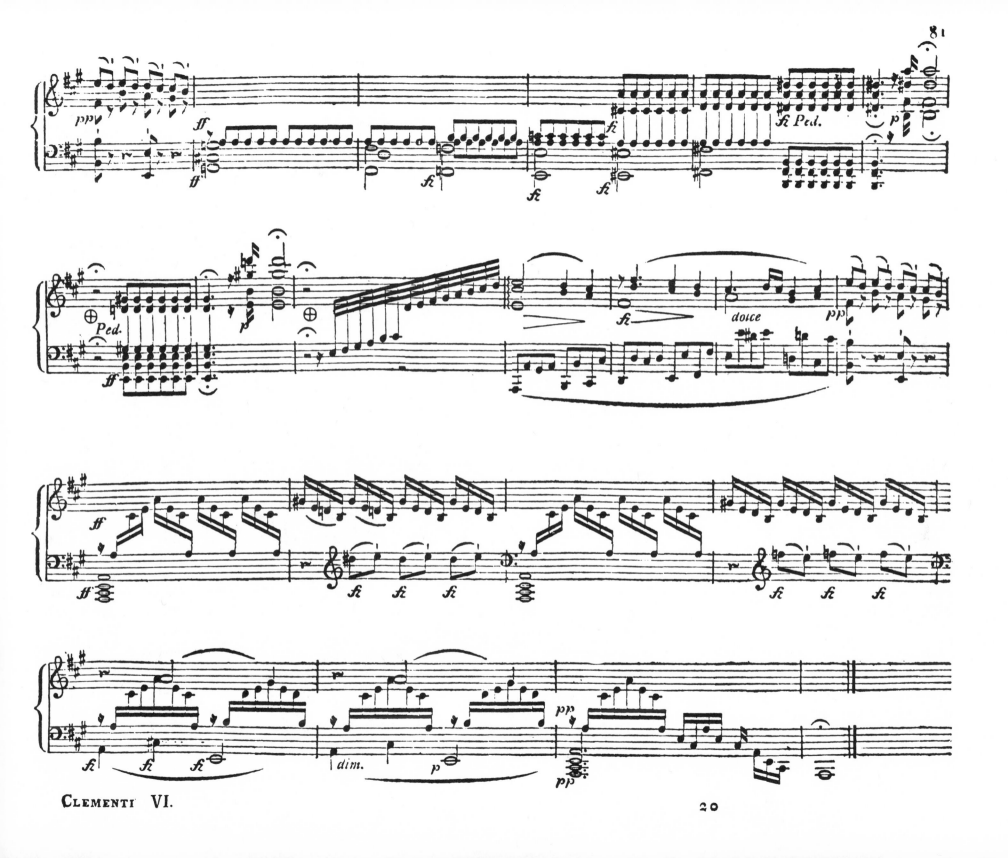

Allegro.

CAPRICCIO II.

volti subito.

CLEMENTI VI.

Avec des améliorations très-considérables faites par l'Auteur pendant son séjour à Leipzic 1804.

Allegro con spirito.

SONATA VI.

Adagio, con espressione.

Allegro, con fuoco.

volti subito.

Allegro con grazia.

SONATA VII.

Larghetto con espressione.

volti subito.

volti subito.

Oeuvres de Clementi.

Cahier VII

contenant

8 Sonates pour le Pianoforte

avec accompagnement de Violon ou Flute
et Violoncelle.

Oeuvres Complettes

de

MUZIO CLEMENTI

Cahier VII.

Au Magasin de Musique de Breithopf & Härtel
à Leipsic.

8 Sonates pour le Pianoforte

avec

accompagnement de Violon ou Flute
et Violoncelle

par

Muzio Clementi.

Au Magasin de Musique de Breitkopf et Härtel,
à Leipsic.

VII.

Allegro di molto.

SONATA I.

volti subito.

volti subito.

Allegretto.
Grazioso, ed Innocente.

Finale.

Vivace assai.

dolce

volti subito.

3

Allegro con brio.

SONATA II.

volti subito.

4

Più tosto Allegretto e grazioso.

Rondo.

Allegro.

volti subito.

volti subito.

SONATA III.

volti subito.

CLEMENTI. VII.

8

Spiritoso.

SONATA IV.

volti subito.

Arietta con Variazioni.

Allegro.

p Legato

volti subito.

CLEMENTI. VII.

Allegro molto.

SONATA V.

volti subito.

Grazioso, e con
Espressione.

un poco
Allegro.

volti subito.

La Chasse.

SONATA VI.

Larghetto.

Allegro.

volti subito.

volti subito.

ten volti subito.

A'legro.

SONATA VII.

Presto.

Rondo.

SONATA VIII.

volti subito.

Allegro.

Rondo.

volti subito.